ব্যতিক্রমী

দেবাংশু পাত্র

notionpress.com

INDIA • SINGAPORE • MALAYSIA

To

My friends

Special thanks to Sagnik.

বিদূষক

আর কিছুক্ষণ পরে,
আবেগ ফেটে পড়বে রাস্তার ধারে।
ফটোগ্রাফারদের ভিড়
ঝলসে উঠবে মুখের প্রতি কোনে।
তখনও লাল কার্পেটে, সে করেনি পদার্পণ;
একটু হাতের ছোঁয়া পেতে অস্থির সবার মন।
আজকে তার আগমনে ঘনঘটা, নানান ফুলের বাহার,
নানান প্রসঙ্গ নিয়ে, সময় ভাগাভাগি চলছে তার ।

কে বলবে আজকে তাকে দেখে!
কয়েক বছর আগে
রাস্তার ধারেই ছিল তার ঠাঁই ।
কখনো লেখা নিয়ে ঘুরেছে স্টুডিওতে,
কখনো আবার প্রকাশকের পা ধরে কেঁদেছে।
কখনো আবার বাড়ির কথা ভেবে,
হতাশ হয়ে পাতাগুলো ছিঁড়ে ফেলেছে।

কিন্তু বর্তমান ঢেকে দিয়েছে তার অতীত,
তার ঠোঁটকাটা কথা,

দিব্যদৃষ্টি আজও উপস্থিত।
সব কষ্টের মধ্যেও সাফল্যের আঙিনায়,
হাসিটুকু আজও বহাল।
বাধাবিপত্তির মধ্যেও, সে একবারের জন্যেও
ছাড়েনি হাল।

তার লেখায় কেউ খুঁজে পায় হারানো প্রেম,
কেও বা আবার বাস্তবে দাড়িয়ে করে আক্ষেপ।
শুধু মুখের হাসিটুকুই ছিল তার জীবনের পার্বতী,
সব পেয়েও যেন তার খিদে মাখা বাটি;
কারন এখনও অনেক কিছু লেখা, তার সাজানো বাকী।

ঘড়ি

আমার সময়, আজ অনন্ত নয়,
তার জন্য তো তিনটে কাঁটা দায়ী নয়।
তাদের হাতের তালুর ওপরে,
এঁকে দেওয়া পাশার মাদুরে,
ওরা শুধু গড়িয়েছে।
আমার হাঁটার চরিত্র বিশেষে ।

শেষের ঘরে যখন থমকে দাঁড়ায়,
আয়নার কাছে ঝাপসা আলোয়,
তখন দেখি পেছনে শুধু কালের পারাপার।
একটু থেমে, আবার তাকায়, সময় দেখার ব্যস্ততায়,
তখন শুনি টিকটিক শব্দে মৃত্যু আমার দোরগোড়ায়।।

ছোটগল্প

আমার মধ্যে জানিস,
কোন ইতিহাসই নেই বেঁচে।
একটা সদ্য সমাপ্ত অধ্যায়ে,
তোর নামটা লেখার পর থেকে।
শুরুর প্রচ্ছেদে, ইমশনের মরসুমে,
গল্প ছিল তোকে নিয়েই,
কিন্তু আজ, যেই তুই হাতের আঙুল ফস্কে,
গেলি অনেক অনেক দূরে,
আমার বিশ্বাস সেদিন উইপোকাতে,
খেতে শুরু করেছিল আস্তে আস্তে করে।

আজ হঠাৎ যখন খুলে তাকাই ইতিহাসের বইয়ের পাতায়,
খুলে দেখি ঘুন ধরেছে, হলদে পড়েছে পাতায়।
কিছু করেই তাই তোকে,
ভাবতেই পারিনা আমার বর্তমানের গল্পে।
কিন্তু তুই, নিজের সাজানো সাঁকোর ওপরে,
নির্জনতায় আছিস বসে।
হয়ত এখনও ফিরে তাকাস, আমার গল্পের চরিত্র হতে।।

স্মৃতিভরা ডাকবাক্স

আচ্ছা, তোর কি মনে পড়ে?

শেষ কবে দুজনে রাত জেগেছিলাম!

তোর কথার শেষের আগেই,

আমার কথার ঝগড়াতে,

তুই ফোন কেটে দিয়ে,

দুজনে রাগ করে, মন খারাপ করেছিলাম।।

আচ্ছা, তোর কি আজও মনে পড়ে?

শেষ কবে ছোট্ট একটা ভুল নিয়ে-

আমি তোর কাছে কেঁদেছিলাম?

তুই কিছু ভাবতে না পেরে,

আদর করেছিলি আমাকে,

সবশেষে দুজনে আমাদের ভুল মেনেছিলাম।।

আচ্ছা, তোর কি মনে পড়ে?

শেষ যেদিন তোর বাড়ির বারান্দায় দুজনে,

ভবিষ্যতের কথা ভেবেছিলাম।

তুই বলেছিলি কখনো দূরে যাবি না আমার থেকে,
শেষবারের মতো সেদিন আমি,
এক দৃষ্টিতে তোকে দেখেছিলাম।

তোর মুখে, ছিল একটা ফ্যাকাসে হাসি,
আমি তখন নিজে হেসে তোকে হাসিয়েছিলাম।
গল্পের শেষ না করতে চেয়েও,
বৃষ্টির মেঘ দেখিয়ে বলেছিলাম,
আজ আমি আসি।
শেষ করতে না চেয়েও সেদিন,দুজনের মধ্যে
সব শেষ করে এসেছিলাম।

আজ, কোনও এক বিশ্রী ইলশেগুঁড়ি মেঘের আকাশে,
বৃষ্টির প্রতিটা ফোঁটার শব্দে,
যেন সবকিছু আবার ঝরে পড়ছে আমার পায়ের মাটিতে।
আর আমি,
এখনও আগের মতই হেসে,
বৃষ্টির শেষ দেখি, সজোরে ঘরের দরজা বন্ধ করে।

মুখোশের আড়ালে

একটা জীবনের পাদদেশে,
শুরু হয়েছিল ছোট্ট আলিঙ্গনের দেশ।
মুখোমুখি তর্ক-বিতর্কের মাঝে বন্দুকের প্রেম বিনিময়,
এক নিমেষে, উত্থানের শেষেই কাটা রক্তের সুবাশ।

সেই রক্তে সবাই স্নান করেছিল আপাদমস্তক,
খুশির চাঁদ ডেকেছিল অকাল পূর্ণিমার শনিবার।
মানবিকতার বইয়ের পাতা নিয়েছিল কিছু অনিহাকে দঢ়ক,
খবরের রিপোর্টারদের কথা ছিল মৃতদেহ বয়ে আনার।

হিসেব তত্তের গ্রন্থাগার হয়েছিল ভাগাড়ের ঠিকানা,
লাশের দেহাংশ সাজানো ছিল, নামি দামী লাইব্রেরীতে।
লম্বা লাইন ধরে চলছিল আধকাটা মাথার খুলি কেনা,
ধর্মের প্রস্থান দেখেছিলাম আমি,
দূর থেকে দাড়িয়ে, এক চোখ ভর্তি ঘৃণা নিয়ে।।

ঠাণ্ডা লড়াই

তাহলে তাই হলো,
অপূর্ব, হ্যাঁ, অপূর্ব!
রাত জেগে লেখাগুলোর ঠিকানা,
রাস্তার পচা আস্তাকুঁড়ে।
আমার ভাবনা, আমার প্রেম,
আমার রাগ, আমার কালির আঁচড়,
সব মিথ্যে, হ্যাঁ সব মিথ্যে।

মত গগনে জল খোঁজ নেপচুনের শুষ্ক বরফে,
আঁতস বাড়াও টেলিস্কোপে।
ভাবনাতে ঢাল ঘি, খাঁটি গাওয়া ঘি।
রাগ হয়ে সব ঝরে পড়ুক,
সাহারা হোক বা কালাহারির ক্যাকটাসের কাঁটাতে।

অ্যান্টার্কটিকা ইগলুতে বসে,
না হয় আমি আবার একটা প্রেম
শুরু করব পেঙ্গুইনদের সাথে।
ঠোঁটে ঠোঁট মিলিয়ে চুম্বনরত অবস্থায়,
রাত কাটাবো সবার থেকে আড়ালে।

আমি খুশি, হ্যাঁ, খুব খুশি,
কাল্পনিক হলেও আমার ভবিতব্য,
আমি বাস্তবে ফেরাতেই পারি।
কিন্তু তখনও তুমি তোমার টেলিস্কোপে,
বৃদ্ধ পাকা চুলে,
জল খুঁজতে মগ্ন ভিন্ন গ্রহের পাহাড় কেটে।

শেষবার বেঁচেছিলাম যখন

শেষবার যখন মৃত্যু হয়েছিল,
তখন বয়স সবে পনেরো ছুঁই ছুঁই,
সদ্য প্রান পেয়েছিল, আমার বুকের পাপড়ি দুটো।
কেও আড়চোখে, কেও আবার বড় বড় চোখে,
আদর করতে চাইতো আমায়।

জুতোর সাইজ থেকে বুকের উষ্ণতা,
ওরা না ছুঁয়েই নিত মেপে।
তারপর থেকেই জানো,
আমার মৃত্যুই হয়েছে প্রতিটা দিন,
প্রতিটা পক্ষে, প্রতিটা মুহূর্তে।

নিজেকে মনে হত,
এক অসহায় বন্দি পাখি,
আজ এই পৃথিবীর রাস্তায় মুক্ত হয়েও–
খাঁচার খড়কুটো, নোংরা হাড়ির মধ্যে এখনও আবদ্ধ।

রাত্রিতে আমার পায়ের শব্দে, গায়ের গন্ধে,
চুলের খোঁপার ফুলের মধু খেতে,

পিছু নিত অসংখ্য জানোয়ার।
কতবার আমার শরীরের ঘামে,
হাত মোছার জন্য করত নোংরা আবদার।

আমার যন্ত্রণা,
রক্ত হয়ে বয়ে গেছে পায়ের নিচে,
ওরা আমাকে তখনো ক্ষমা করেনি।
আমি সেদিন থেকেই ভয় পাইনা,
কারন আমি সেদিন,
আমার জীবনকে দেখেছিলাম,
এক অকাল মৃত্যুর কাছ থেকে।

জেদী

তোমার ঊর্ধ্বগামী ফানুসের বাঁকে,
স্মৃতিতে ভেজা কিছু আবেগ লুকিয়ে।
অন্তরে গাঁথা তোমাতে আমাতে,
আমি এখনও ব্যস্ত ছন্দের অন্ত্যমিল মেলাতে।

তোমার কল্পতরু গাছের শাখায়,
এখনও কিছু পাখির সাড়ায়,
উষ্ণ আলিঙ্গনের ব্যর্থ প্রচেষ্টায়,
উঁচু গলার স্বরে মিলনের অপেক্ষায়,
লুকিয়ে অন্ধকারের আভায়।

তোমার ছোট গল্পের বেমানান চরিত্রে,
ঝরে পড়া শেষাংশে খুঁজে দেখো সময় পেলে,
এখনও সে বেঁচে থাকার তাগিদে,
কবির কলমে জীবিত হয়ে ওঠে,
ফিনিক্সের মতো, জন্ম নেয় পুড়ে যাওয়া ছাই পাস ঝেড়ে।

এক রাতের সহযাত্রী

যৌনতা,
বিষের মহলে বারুদের আগাম চুম্বন,
আমি মেখেনিই সেই বারুদ।
বিষের মহলে আগুনের একটা ফুলকি নিয়ে,
দাঁড়িয়ে রাতের গলিতে কোনও আগন্তুক রূপে।
সারা শরীরে,
এ কোন লহরী বারে বারে প্রশয় পায়!
চোখে ঠুলি ঠুসে রেখেও,
পলকের ব্যবধানে নগ্ন চেহারাতেই ফিরে যায়।
বারংবার ঢেউয়ের আঁছাড়ে,
বুকে আসে একটু ছোঁয়ার উপদ্রব
ওই বস্ত্রহীন শরীরটাকে।
কাঁচুলি খুলে, ছুঁয়ে দেখার সৌন্দর্যকে,
আজ উপভোগ করতে চেয়ে,
আমিও,
হাতে একগুচ্ছ নোটের জোরে,
এসেছি বিষণ্নতা ভাসাতে,
দুটো কলিজার স্পন্দনকে মিশিয়ে,
একে অপরকে জড়িয়ে।

একলা পথযাত্রী

সময় বলতে, হাতে গোনা সাড়ে আট কিমি,
তারপরেই মোহনার হাতছানি।
কিছুতেই মানতে পারছিলনা,
এইটুকু অবকাশ কি সত্যিই যথেষ্ট!
এখনো তমসা, ধ্রুবতারার আঙিনা ছাড়েনি,
তাহলে কিসের এত তাড়া, আমার তরে রাখা!

আমি মেনে নিলাম, আমার গতিপথের
উৎস গঙ্গোত্রী ছিল না,
আমি জানি আমার গন্তব্য বঙ্গোপসাগর
হতে পারে না।
আমার সারা শরীর প্রবাহিত হয়নি
এই দেশ জুড়ে,
আমার শরীর আজও বয়ে যায়
পড়ে থাকা খেলনাবাটি নিয়ে।

অপেক্ষার শেষ চেয়েছিলাম,
আমার চোখেও ছিল বড়ো হবার ব্যস্ততা।
আমার অ্যাড্রেনালিন ছিল তখন,

আবেগের রক্ষিতা।
যখন সব হারিয়ে,
দাঁড়ালাম আমার স্বপ্নের দুয়ারে;
তখন দেখি কাগজের প্রাচীরে,
গাঁথা আমার মৃতদেহটা।

তিন পৃথিবী

একটা প্রেম,

আপোষ করতে শিখিনি কোনোদিন,
আমি স্বার্থপর হতে পারি,
আমি হতে পারি নির্লজ্জ;
আমার স্বপ্নগুলো হয়ত ছিল না,
তার মতো রঙিন,
আমি তাই যেতে দিলাম তাকে,
বৈশাখীর ঝড়ের মতো তুমি এসেছিলে জীবনে।

রাজনীতি,

প্রতিটা দেওয়াল ধরে ধরে,
রাজনীতির লাস্যময়ী চাওনি।
ভোট চেয়ে পথের ধুলোতে,
একসাথে লুটোপুটি মহামিছিলে।
প্রতিশ্রুতি রাখার নামে,
বিশ্বাস নিয়ে খেলে–
আমাদের সম্মান দাওনি।

তাই তোমাদের বর্জন করেছি,
পরিবর্তনের নামে, এখনও বাসন মাজি,
ভেঙে যাওয়া সংসারে বসে।

পাশের সমাজ,

ফুটব্রিজে বসেই কেটে যায় তাদের,
গরম হাওয়ার প্রেমের রজনী।
অর্ধনগ্ন, কফ, থুতু মেখে,
আগোছালো চুল, ভাতে মিশে।
মুখ ফেরায় আমিও, তুমিও, আমরা সবাই,
কিন্তু হাত বাড়ায়নি।
ওদের বেঁচে থাকার রসদ যাচ্ছে মরে,
ওদের কথা একটু ভেবো,
তোমার আভিজাত্যের বাগান ফুরোলে।

ইতিহাস ছেড়ে ভবিষ্যতে

ইতিহাসটা বড্ড বাজে,
আদম ইভের প্রেমের, ব্যাকরন নিয়ে মেতে।
বইয়ের পাতার সিংহাসন পুরনো মুকুট পরে,
তলোয়ারের রক্তের ছাপ মাথাতে ঘসে,
জীবন খোঁজে, আনিদ্রার পর্দা সরিয়ে।

ভবিষ্যত নিয়ে লিখতে বসে,
কে জানে, কতজন, ছিঁড়েছে তাদের মুচলেকা।
অশোক আকবরের, লেখা নিয়ে,
এখনও অনেকের ব্যস্ততা!
সব কিছুর শেষে, দিব্বি মেনে নিচ্ছি, গিলছি,
পাথর থেকে শুরু করে—
কামানের গোলা ছোঁড়ার গল্প লিখছি।

এখনও যাদের বিশ্বাস আছে ইতিহাসে,
মাটি খুঁড়ছে তারা,
হরপ্পা থেকে মহেঞ্জোদাড়োর, পুরনো পাঁচিলে,
হাতুড়ি ঠুকছে, বালির প্রাসাদ গড়ার স্বপ্ন নিয়ে।
ইতিহাস নিয়ে পাতা ভরিয়ে, শক্ত হলেও পায়ের মাটি,
কোথাও যেন মনে হয়, এবার ভবিষ্যত নিয়ে লেখাটা আজ
দরকারি।

সাহসী

তুমি হারিয়েছ, সর্বহারা হওনি এখনো,
তুমি ভয় পেয়েছো, বিফল হয়ে গোপনে কেঁদেছো;
তুমি নিরুপায় হয়ে আজ ভাবছো তোমার ভবিষ্যত,
যত কিছু ঘটে থাক,
তোমার প্রতিটা ভুল ছিল মারাত্মক।

ভাবছো এখন সবকিছু ভুলে,
নতুন বছর আসবে কবে?
বছর এলে ছটা ঋতু জুড়ে
তুমি ভাবার সময় পাবে?

না।

এরকম কিছুই হবে না।
এটা ভেবে তুমি বিস্মিত!
তোমার শরীর দেখলেই,
সব কিছু দৃশ্যমান, তুমি আতঙ্কিত।

তবুও তোমায় করতালি না দিয়ে
থাকতে পারলাম না, আমি।
তোমার শেখার খিদে দেখে,
নিজেকে আটকে রাখতে পারলাম না, আমি।

আজ তোমার নাম,
সাফল্যের পর্বতে গাঁথতে সক্ষম তুমি।
একবিন্দু না ভেবেই,
এগিয়ে গেছো তুমি।
সব ভুল থেকে শিক্ষা নিয়েছিলে তুমি।

আত্মতৃপ্তি

জীবনের রসায়নে,
আমি জারক নাকি বিজারক!
দুজনের সম্পর্কের মধ্যে,
আমি কি তাহলে অনুঘটক?

এত প্রশ্নের উত্তরে,
শুধু একটাই কথা থেকে যায় মুখে,
অক্সিজেন হতে পারব না কারোর সুখে।
বেঁচে থাকার জন্য অক্সিজেন চাই আমারই আগে।
ভুল বুঝে কে জানে কতজন মুখ ফিরিয়ে,
লাইন দিয়ে দাড়িয়ে আছে আমার ব্লক লিস্টে ।

আমি তবুও বেঁচে, নিজের মতোই বেঁচে,
সত্যি বলতে জন্মের পর থেকেই,
অকারনে ত্যাগ করাটা আছেই অভ্যাসে।
তাই লাভ হবে না কোনও কারন খুঁজে,
শুধু এটুকু জেনে রাখো,
কার্বন –ডাই–অক্সাইড তুমিও ত্যাগ কর,
নিঃসঙ্কোচে আত্মতৃপ্তি করে,
প্রতিটা মুহূর্তে, সেই জন্মের পর থেকে।

মমির দেশ

যদি বেঁচে থাকার নাম হয়ে থাকে,
জল্লনার মিছিলে শামিল হওয়া, মুখের জোরে;
তাহলে আমি মৃত,
তাহলে আমি পড়িনি গীতার শ্লোক।
আমি বেবাক হয়ে বেঁচে আছি,
কিছু নাটকের পর্দার আড়ালে।

যদি স্বাধীনতার অর্থ হয়ে থাকে,
দু-টাকার চালের সাথে, একশো দিনের কাজে;
তাহলে আমি সাতচল্লিশের আনন্দে, মুক্ত হয়ে কেঁদেছিলাম।
তাহলে আমি নেহেরু জিন্নার দেশ ভাগে ঘুমিয়েছিলাম,
আমি সংবিধানকে, মানতে না পেরেও মেনেছিলাম।

বাইশের পথে

একুশ বছর প্রদক্ষিণরত,
    আমার পৃথিবী আজও কক্ষপথ চ্যুত।
মহাকাশের ছায়াপথে,
    একটু জায়গা পাবে কি না ভেবে এখনও বিস্মিত ।

আগের দিনের সূর্যটা,
    ব্যস্ততা মুখর হয়ে, পাঠিয়েছে চাঁদকে আকাশে।
এখন আরেকটা রাত্রি,
    আবার একটা দিনের শেষ, রূপালী আলো দেখে।

পূর্ণ প্রদক্ষিন এখনও বাকী,
    বছর ঠেকেছে হাতে গোনা তিনশো চৌষট্টি দিনে।
আমি থেমে যায়নি,
    ভাঙা রাস্তা ছেড়ে, পথ হাঁটছি আবার স্বপ্নের
    অধীনে।

আফশোষ

সময়, তুমি থেকে গেছ নিঃশব্দে,
অতীত বলি বা বর্তমানে।
প্রশ্ন কিন্তু আজও বাকী,
খুশির আবেশে দরবেশ-
খাওয়া হলো না গো!
তুমি আর কোথায় হলে,
আমার সুখের দিনের সাখী।

এখন আমি বিষণ্নতা মুছি,
কখনো কম্বলে ঢাকা বিছানাতে,
কখনো আবার শান্তি খুঁজি,
দুই বা এক হাতের তালুতে ঘষে।

আমার পূর্ণ বৃত্ত সম্পন্ন,
কিছু আক্ষেপ, আর নিজের প্রতি ক্ষোভে,
মাঝরাতে ঘুম ভাঙে দুঃস্বপ্নের ডাকে।
খোলা মাথা ফেলে রাখি দুশ্চিন্তার কোলে
পাশবালিশ স্বাদ মেটায়, নষ্ট হওয়া অমূল্য সময়ের।

অলস

তুমি আজও জেগে আছো,
ঘুম চোখে ঘুমকে পেয়েও পারনি ঘুমাতে।
তুমি আজও স্বপ্নতে আচ্ছাদিত,
তাদের ছুঁতে চেয়ে এগিয়েও, পা ফেলেছ পেছনে।

তুমি আজও শ্বাস প্রশ্বাসে জীবিত,
রক্ত বয়ে যায়, নিকোটিন মেশা শিরা উপশিরাতে।
তুমি আজও কিছু না ভেবে স্তম্ভিত,
কিছু ভাবার আগেই বিছানাতে শায়িত।

হয়তো ভাবছ মনে রাগ পুষে,
কবে হলাম দার্শনিক আমি।
নিজেকে মেপে দেখো সাড়ে তিন হাতে,
বুঝবে আসলে সবটা তোমার আলসেমি।

শব্দ

শব্দ আমার মন গহীনে,
শব্দ আমার হৃদয়টানে।
ঘন বর্ষায় কাদার মোজাতে,
পা-মেলায় ছমছম শব্দে মেতে।

শব্দ আমার উস্কখুস্ক চুলের,
শব্দ আমার শুষ্ক স্বকের।
হাড়কাঁপানি শীতের রাতে-
ঘুমের ওষুধ গরম কম্বলে।

শব্দ আমার বিরক্তি ভরা,
শব্দ আমার ঘামে ভেজা।
অসহ্য গরমের লু-এর হাওয়া-
সুস্থ শরীর যেন বেগুন পোড়া।

ইচ্ছামৃত্যু

আমার রাত কাটে কিছু ভাঙা স্বপ্নদের নিয়ে,
জোড়ার বৃথা চেষ্টা করি, কিছু মনগড়া গল্প দিয়ে।
ভেতরে ভেতরে আমি কষ্ট পাই ঠিকই,
পরের দিনের ঈষৎ লাল আজও আমার কাছে একই।

যাকে ভেবেছিলাম কোনোদিন দেব আমার বাহুতে স্থান,
সে আজ আমার থেকে দূরে, করেছে আমায় প্রত্যাখ্যান।

এই হৃদয় দেখেছে কত সমুদ্র শুকিয়ে হয়েছে মরু,
এই হৃদয় দেখেছে কত পর্বতের উঁচু মাথাও হয়েছে নিচু।
তাই, আজ ভয়ের পাতার শেষে ফেলে রাখি জিজ্ঞাসা,
পারবে তো তুমি দেখাতে আমাকে আমার মতো করে
ভালোবাসা ।

যেদিন দেখব আমার অস্তিত্বের সংজ্ঞা,
তোমার কাছে কাঁচে ঘেরা কিছু সহানুভূতি,
যেদিন জানব তোমার প্রতিটা আজ্ঞা পালনের পরেও,
তোমার মুখে কিছু তিক্ত অনুভূতি,
সেদিন তোমার চশমা চোখে দেখলেও পাবেনা খুঁজে কিছু,
কারন সেদিন নিজেই ডেকে নেব নিজের ইচ্ছামৃত্যু।

জীবনের ছায়াপথে

ডালের স্বাদটা ভালোই লাগলো,
তবে কি বলো তো?
রসুনটা কম হলে ভালো হতো।
তরকারিটা একটু ঝাল বেশি হয়ে গেছে,
ধুর, খাবার শেষে চাটনিটাই ভুলে গেলে।

খাবারের থালাটা সাজিয়েছ ভালো,
তবুও পাশের প্লেটে-
স্যালাডের অভাবটা থেকেই গেল।
মানছি খেয়ে পেট ভরেছে ঠিকই,
তবুও আমার প্রত্যাশা রয়ে গেল একই।

জীবনের থালাটাও একইভাবে সাজানো,
কেও সব পেয়েও কাঁদছে গোপনে,
কেও আবার তেঁতো রসুনের ডাল খেয়েই তৃপ্ত।
তোমার আকাঙ্খার কাছে সব কিছুই তাই অতৃপ্ত।

কেও পথ হাঁটে, একটা ছড়ির ভরসাতে,
কেও আবার চারটে হাত পেয়েও ব্যর্থ পথ পেরোতে।

কেও গরমের ছাউনিতে গা-শোকায় তালপাতার বাতাসে,
কেও আবার ঠাণ্ডা ঘরেও ঘাম মুছে নোনা রুমালে।

যতই তুমি শান্তি খোঁজ গীতার পাতায় বা কোরানে,
যতই তুমি আত্মার অস্তিত্ব খোঁজ বাইবেলে,
যতদিন না তুমি মুক্ত করবে, কাম-আকাঙ্ক্ষা থেকে
নিজেকে,
তুমি এভাবেই শান্তি খুঁজবে জীবনের ছায়াপথে।

পরাজিত

তাহলে তোর কাছেই শুনতে চাই,
সাহসী কাকে বলে?
আমিতো ছিলাম একটা ভীত সন্ত্রস্ত
নির্লজ্জ জোঁকের জায়গাতে ।
আমার প্রতিটা পদক্ষেপ ছিল,
শ্লথের, পায়ের চটি জুতোতে।
আমার সময় কখন যে তোর ঘড়িতে
মরেছিল দম বন্ধ হয়ে, টেরও পাইনি;
একটা ছোট্ট বাবুই হয়ে,
ঘরে ফিরে এসেও পাইনি
ঘরের খড়কুটো খুঁজে,
সেটা তোকে আজ কে জানাবে?

ভুলে গেছিলাম,
আমার সময়তো কবেই দমবন্ধ হয়ে
নিজেকে করেছিল খুন,
নিজেকে পুড়িয়েছিল ঘন্টার কাঁটাতে,

সে তোর মতো হয়ে উঠতে পারেনি নবারুণ।
শুধু একটা চাতকের মতো ভূগোল পড়ে,
কাটিয়ে দিয়েছিল পাঁচটা বছর, বাঁচার তরে।

তুই বিশ্বাস কর,
ঘন শ্রাবণের শেষেও কিন্তু সে বর্ষা পাইনি,
পাঁচ-পাঁচটা ফাল্গুন পেরিয়ে গেলেও, বসন্ত পায়নি।
অপেক্ষার চাকা এখনও তোর হাতের দামী
ঘড়িতে, মিনিটের কাঁটা সে হতে পারেনি।

ভুলে গেছিলাম,
আমার সময়তো কবেই দমবন্ধ হয়ে,
করেছিল আত্মহত্যা, তোর অহঙ্কারের কাছে।

সকালের বাজার

দরজা খোলা ঈষৎ আলোতে,
আমার স্নান শেষ হয়েছে সবে।
মাছের বাজারে হাকাহাকিতে,
একটু স্বস্তি এসেছে চায়ের দোকানে।
তাহলে এবার দিনের রোজনমাচা হবে শুরু,
পুরনো খাতার কাজটা সারা বাকী শুধু,
তাতে আবার কি এসে যায়,
একটা নতুন সকাল, তাতেই ওরা গা ভাসায়,
সাথে শুধু খুচরো পাইকারি দরের খাতা,
এভাবেই তো ওদের বেঁচে থাকা।

ইন্দ্রজিতের পতন

একটা ফোনের শব্দতেই হঠাৎ উঠে বসলাম,
নম্বরটা আজানা, গলার স্বরও স্পষ্ট নয়।
একটু কিন্তু কিন্তু গলায়, তাকে জিজ্ঞেস করলাম,
মাফ করবেন, আপনার নামটা বললে ভালো হয়।

নিঃসঙ্কোচে বলে উঠলো আপনি আবার কিরে?
মনে নেই, কলেজে আমরা পড়েছিলাম একসাথে।
আমি তখন বুঝতে পেরেও, চুপ করে,
কথাগুলো শুনে,
ঠিক আছে, আচ্ছা, চিনতে পেরেছি,
কথা বেশি নেই, বলেই কেটে দিলাম ফোনটা।

কেন জানি না,
ওই মুহূর্তে, ভেতর থেকে নিজেকে ছোট মনে হলো নিজের
কাছে।
হয়ত তখন ফোনটা বাজতে দিলেই উত্তর পেয়ে যেত সে,
যেমনটা দিয়েছিলাম কলেজের শেষ দিনে,
সোজা মুখের ওপর সজোরে থাপ্পড় মেরে।

সেদিনও হাসি মুখেই, আমাকে
করেছিল ক্ষমা।
আমি তখন নিজের জেদে,
নিজের অহঙ্কারেই উড়েছিলাম।
ভাবিনি একদিন আমার কলম,
বন্ধ করে দেবে লেখা, সেসব কথা ভেবে।

তবুও এখনও,
চেষ্টা করলেও তাদের ডাক পাওয়া যায় না,
হাজার ভাবলেও তারা আজ,
আমার পাতায় শব্দ হয় না।

আমার বিষ গাছের শেকড়, দেখি আজ
নিজেরই মাটিতে ধসে গেছে।
যখন বুঝতে পারলাম, তখন
ফোনটাও পড়ে আছে পাশে,
কিন্তু ওটা আর বাজেনা, সে দিনের মতো।

ওটাতো বাজতে ভুলে যায়নি,
ওটার নিস্তব্ধতা বারে বারে মনে করিয়ে দেয়,
সেদিনের থাপ্পড়টা আমার গালেই শ্রেয়।

কেও যেন বলতে থাকে, তোমার অহঙ্কারের মৃত্যু এসেছে ঢলে,
সময় আজ তোমার চৌকাঠে,
ঢেকে দাও তোমার ছবিকে
জুতোর মালাতে, তৈরি থেকো,
এবার ওটাকেও ছিঁড়ে ফেলার দিন আসছে ঘনিয়ে।

বিবর্তন

যেখানে সব সফরের হয় শেষ,
শুরু হয় বে-আব্রু কবরের দেশ;
সেখানেই জন্ম হয়েছিল আমার কথাদের,
আমার গলার স্বরে নাচ শুরু হয়েছিল তাদের।

ভুল ভাবছো।
এরকম কিছু ভাবলে
তুমি ভুল ভাবছো।

এরকম কারোর আবির্ভাব হয়নি এখনো,
আমার কথাতে টাকা নিয়েও তারা নাচেনি সেদিনও;
নর্তকীর দল গিয়েছিল ফিরে বাবুদের পানশালায়,
আমার ছিল কেবল কিছু কটূক্তি সহায়।

কতবার ছুটে গিয়েছি খুঁজে, লেখাগুলোর পাঠক,
কতবার হাত জোড় করে খুঁজেছি, কোনও শিক্ষক,
না পেয়ে কাওকে, আমি পথ হাঁটছি আজও একলা,
সাথে আছে রবীন্দ্রনাথের পঞ্জিকা।

ইওহিপ্লাস থেকে বিবর্তনটা শেখার জন্য আজও করে যাচ্ছি
চেষ্টা,
আমিও হয়ে উঠতে চাই, কোনও আস্তাবলের সাজানো
ঘোড়া।
ঘুরে যায় পৃথিবী, উত্তরের খোঁজে দেখি সামনে দক্ষিন,
মহাসাগরের নিচের মাটিটাও, শক্ত হলেও, যেন আজ
অশৌখিন।

সমুদ্র দাড়িয়ে ঢেউয়ের গর্জন করে,
তলদেশের মাটির ওপর দাড়িয়েই।
আমার ভিত হয়তো তখন ছিল না মজবুত,
কিন্তু আজ সেটা আমি শক্ত বানাবই।

আমি দেখতে চাই একদিন ফিরে আসবে,
চলে যাওয়া নর্তকীরা সব ভুল ভেঙ্গে।
আমি দেখতে চাই আবেগঘন চোখে,
আমার শিক্ষক দাড়িয়ে পাশে।
আমি তখন, শেখার চেষ্টাই, কলম তুলে নেব হাতে,
অভিব্যক্তি হবে আমার,
আবার কোন পাতার শেষে।

দোষ ছিল তারও

দুপুর গাঙে বান এসেছে,
আমিও মেতেছি খোলা চুলে।
কিন্তু কিন্তু মনে দাড়িয়ে, এক মুহূর্তে,
বানের স্রোতে ভাসাবো কি নিজেকে?
ভেবে না পেয়ে–
বিকেল কেনার তাগিদে,
চলে যেতে দিলাম দুপুরটাকে।

ছায়াপথে এবার হারাবার পালা,
নিচ্ছি তারই প্রস্তুতি।
সন্ধ্যে প্রদীপ নেভার তাড়ায়,
ডাক দিচ্ছে, আনছে ত্রুটি।
অনেক হিসেব কষা আজও বাকী, জমেছে
পুরনো ডাকবাক্সে, যত্নে রাখে হলদে চিঠি।
প্রতি রাতের চাঁদের মাটি, হারায় ভাষা,
পায়না ভেবে, কলঙ্কের ভাগের কে বড় অংশিদারি।

খুনিদের শিবিরে

নতুন পাতা খুলেছ ভুবন?
ভাবছো কিছু লেখার কথা,
জানা আছে নিশ্চয় নিয়মগুলো!
ধর্ম নিয়ে যাবে না লেখা,
রাজনীতির কথা, দোয়াতে ভরো।
কবি হবে ক্ষণ পরের জন্মে,
এখন, প্রান বাঁচিয়ে পালিয়ে বাঁচো।

তোমার কলমে রক্ত ঝরেছে কখনো?
কখনো খুন হয়েছে, অক্ষরগুলোর আর্তনাদ?
ভেবে দেখো, তুমি মুছতে ব্যর্থ হয়েছিলে, ওই রক্তের দাগ।
তাহলে আজ কোন আস্পর্ধায়, মাথায় পরেছো টোপর?

কলম তুলে রাখো ভুবন, লিখবে না হয় অন্য দিন,
দেখতে পাচ্ছতো শুধু মিথ্যে ভিড়,
সাথে পুরোহিত, মোল্লাদের ফালতু বিড়বিড়।
তোমার ভাবনা ঢেকে দাও ছিপির প্যাঁচে,
কবি না হয় হলে অন্য জন্মে।

জীবিত

নিজেকে জ্বালিয়েও সে আজ স্বতন্ত্র,
চামড়া পোড়া রোদ্দুর গায়ে মেখেছে।
ঠাঁয় এক জায়গায় দাড়িয়ে,
তার দেহ এখনো যৌবন পেয়ে
কচি কচি পাতা দিয়ে ডেকে আনে বসন্ত।

এক সময় তার শাখা-প্রশাখাগুলো,
সবুজ আবিরে খেলেছে হোলি।
আজকে দেখে কে বলবে?
শুকনো কঙ্কালে ঢাকা শরীরটাই,
আগের বছর পর্যন্ত ছিল ছায়াদানি।
তার দেহের প্রতিটা হাড়,
প্রতিটা পাঁজরে, যতবার হেনেছে করাতের প্রহার,
ততবার সে কেঁদেছে গোপনে।
একবারের জন্যও করেনি প্রতিবাদ,
এখন হয়তো আলগা গায়ে,
নম্র চেহারায়, দেখছে দাড়িয়ে;
সব লোভিগুলোর অমানবিক ব্যবহার।

শুধু সময় বলবে

তিন তিনটে দিন,
শুধু খুঁজে চলেছি;
কোথায় পাওয়া যাবে হারানো শঙ্খচিল।
কেও বলে, অপেক্ষা করে যাও এই রাস্তায়,
কেও আবার বলে–
একটু ভেবে দেখ শেষ কবে এসেছিল কাছে?
আমি নির্বাক, বিচলিত;
সময়ের হিসেব গুলিয়ে হতবাক।

হঠাৎ দেখি,
তিনটে দিন এখন হয়ে গেছে তিনটে মাস।
আবার একটু পরেই লক্ষ্য করলাম,
তিন মাস থেকে–তিরিশ মাস হতে,
বেশী সময় নেই হাতে ।

এ কি সর্বনাশ!
শুধু একটা সুযোগ, একটু সাহায্যের হাত
পাওয়ার আশায় দিনগুলো যাচ্ছে কেটে।

তবুও দৃঢ় বিশ্বাস আমার নিজেরই,
খুঁজে নেব তাকে,
সাথে তার বাসাকে,
হারিয়ে গিয়ে দূরে গেলেই,
কি বা এসে যায় তাতে,
সে তো ছিল সবার আগে আমারই।

অস্তগামী

একটু দাঁড়াবে।
ছোট্ট একটা প্রশ্ন করার ছিল;
বিস্মিত হয়ো না, ছোট্ট একটা প্রশ্ন।
ভেবে নাও আমিই জিজ্ঞাসা করছি,
আবার এটাও ভাবতে পারো–
অনেকের হয়েই তোমাকে প্রশ্নটা করছি;
একটু সময় পাওয়া যাবে?
উত্তর দিল না সে ভদ্রলোক।
নিজের মেজাজে, ইংরাজি বিড়বিড় করতে করতে,
দামী ঘড়িতে, সময় বেঁধে হাঁটা দিল পথে।

একটু দাঁড়াবে।
তোমায় দাড়াতেই হবে, দয়া কর আমায়;
একটা উত্তর, শুধু দিয়ে যাও আমায়।

বলছি কি,
তিন পাতার ইংরাজির সাথে,
পাশ্চাত্যকে হেঁটে দেখালেই কি তুমি আধুনিক?
এই দেশের তুমি নাগরিক?

নাকি এসব জিজ্ঞেস করায়,
আমাকে এবার সবাই বলবে,
তোর চিন্তা ধারনা একদমই অমানবিক?

একটু রেগে,
লাল রাঙানো চোখে পেলাম দুটো খিস্তি।
আমি দেখছি,
সাথে সাথে অবাক হচ্ছি।

নিজেদের সংস্কৃতি,
আজ আমাদের কাছেই বাঁচার জন্য করছে আকুতি।
আমি লজ্জিত,
কারন, কেন!
এটার উত্তর আমার কাছে অসমাপ্ত,
ঠিক আমার জিজ্ঞাসার শব্দগুলোর মতো।

চাবিকাঠি

শুকনো আগছালো ঘরে,
বাইরের দেওয়ালটা পরিপূর্ণ দেওয়াল-লিখনে।
একটু আধটু শ্যাওলা পড়েছে বটে,
তাহলেও একটা বিছানা পড়ে যাবে মেঝেতে।

রাস্তার লোক যায়, সাইকেলে, কেও-বা মোটরবাইকে,
দু চারটে বদমাইশের দল খিল্লি করে, ঢিল ছোঁড়ে।
হঠাৎ একটা পায়ের শব্দ দরজার চৌকাঠে,
বলতে পারো, দরজার কড়া থেকে কয়েক ইঞ্চি দূরত্বে।
খটখট শদ শুনেই, ভেতর থেকে চিৎকার জোরে,
একটু মুক্তি দাও না এনে–
আমিও চাল খুঁটে খুঁটে খেতে চাই, চড়াইদের সাথে,
আমি পচা, বাসি মাংসতেই খুশি দস্যি কাকের দলে।
আমি নিজেকে থাপ খাইয়ে নিতে পারব, চিলেদের আকাশে।

তুমি শুধু দাও না,
আমায় মুক্তি দাও না;
আমি ক্লান্ত জানো,
আমি সেদিন থেকেই মানসিক অসুখে ভুক্তভুগি,
যেদিন থেকে হারিয়েছি তালাটার চাবিকাঠি।

রাত্রি এলে

এক দৃষ্টির চাওনিতে, জানিনা কিসের উপস্থিতি,

অযথা সময় বয়ে যায়,দিয়ে কিছু অনুভুতি।

ভুল বোঝার কারন যদিও কিছুই নেই,

আমিও সম্মোহিত তোর সম্মুখে;

তোর আঁখিপল্লবের কাজলের লাজে।

তোর আঁধার ভেঙ্গে সকাল এলে,

জানাস আমায় এক পক্ষ পরে।

নিজেকে গোছাতে সময় লাগে বড্ড বেশী,

তোর কাছেই যত আমার আবদার, খুনসুটি।

রাত পোহালে আলোর মাছি,

জ্বালায় তাদের নিভিয়ে রাখা মোমবাতি।

ঘুমের আঁধার জমতে অনেক বাকী,

সবুজ রঙিন স্বপ্ন কিছু, তোর জন্য তুলে রাখি।

কবিতা মানে

কবিতা মানে, তোমার আমার মতো পাঁচটা লোকের কথা,
কবিতা মানে, কবির মনের হাজার সুখ দুঃখের ব্যাথা।
কবিতা মানে, আবিরে মাখা পূবালী ধোঁয়ায় সূর্য ওঠার
কথা,
কবিতা মানে, অস্ত যাওয়া কবিদের গোপনে হারানো লেখা।

কবিতা মানে, রবীন্দ্রনাথের সহজ চিন্তার আকাশ,
কবিতা মানে, নজরুলে ভরা বিদ্রোহের তপ্ত বাতাস।
কবিতা মানে, সত্যেন্দ্রনাথের আম্ন ছন্দের জাদু,
কবিতা মানে, মধুসুদনের গম্ভীর ভাবনার শব্দ কিছু।

কবিতা মানে, হাড়-হিম করা বুক জ্বালানো সুকান্তের
আগুন,
কবিতা মানে, ভানুর ছন্দে পাওয়া কিছু বাতাসের ফাগুন।
কবিতা মানে, জীবনানন্দের গ্রাম বাংলায় হৃদয় ধোওয়া,
কবিতা মানে, উড়তে চাওয়া মনের স্ফূর্তিকে খুঁজে পাওয়া।

আত্মবোধ

হাতের আঙুল একলা হলে, কষ্ট তোমার দেহে,
একসাথে পাঁচটা থেকেও,
যদি কারোর আঙুল ছুঁতে গিয়ে,
ব্যর্থ হয় সব চেষ্টা,
তখন ভাগ করে নেওয়াটায় শ্রেয়, সেই কষ্টটা।

কিছু শুকনো মনের হাসি শেষে,
রাতের ভেজা বালিশের সাথে;
না হয় আবার একটা নিশা জেগে,
দিলাম মনকে আরেকবার সাজা।

কখনো আবার একলা বসে,
কলম মুখে ফিরে আসি বাস্তবে।
দেখি, প্রতিটা আঁধার শেষে পড়ে আছে বোকামি,
তাদের কন্ঠ বলে আমি নিজেই করেছি নিজের ক্ষতি।

এখন আমি,
হয়েছি একটু চালাক।
তা-দেখে পুরনো ধারনাগুলোও,
মড়চে পড়া রাস্তায় দাড়িয়ে হচ্ছে অবাক।

নিজেই বলি, নিজেকে এখন,
যখন একটা সিগারেট জ্বালানোর মতো,
আগুনের পয়সা নেই বেঁচে;
তাহলে আর নিজেকে,
জ্বালিয়ে লাভটাই বা কিসে।

অনিদ্রার আদরে

ভালোলাগা, ভালোবাসা কারে কয় হায়,
কবিতার ঝুলি খুলে, দেখি তুই নাই।
স্তব্ধ চাকা, স্তব্ধ কাঁটা, স্থিতিশীল সব,
দূর থেকে শুনতে পাই কিছু আর্তনাদের রব।

তাহলে কি হারিয়েছি আজ আমি মোরে!
নাকি আজ গতিরা নিয়ে যায় দূরে।
দূরত্ব মাপা আজ হয়েছে খুবই কঠিন,
কোন এককে মাপা যায় সেটাই ভাবি এখন।

যায় হোক,
যদি আলোকবর্ষ হয়ে থাকে, মাফ কর আমায়,
চাইনা আমি সত্যি তোকে, মোর এই হৃদয় সহায়।
বোকাবোকা কথা দিয়ে সাজানো কথায়,
কি করে আবার ঘুমকে ডাকি, বল আজ আমায়।

স্বত্বভোগী

বুঝিনি কেন তখন তোকে?
ছিল না ওটা তোর ভালোবাসা।
চেয়েছিলি আমায় সঙ্গী করে,
মেটাতে তোর রাতের যৌন উত্তেজনা।

ভুলেভরা তোর মনটাকে,
তাই দিয়েছি ফেলে
রাস্তার কোনও নোংরা ডাস্টবিনে।

চোখ খুলে খুঁজে দেখিস,
পেয়ে যাবি, তুই নিজের মনকে
রাতের কোনও যৌন পল্লিতে।

যতটুকু ভালোবাসা জমানো ছিল,
পুরো শহরের ওলিতে গলিতে,
সবই আজ মিথ্যে পুরান, তোর শরীরের খিদের কাছে।

আমি ছিলাম না, কখনই তোর ভবিষ্যতে,
প্রতিটা মুহূর্ত গুনে গেছি,
তোকে ছেড়ে, বেঁচে থাকার চিৎকারে।

ব্যতিক্রমী

প্রেক্ষাগৃহে বসে কোনও ছায়াছবিতে,
ধৈর্য্য থাকতো না তার ঘড়িতে।
বরং কিছুটা আনমনে হয়ে, বাস্তবকে,
উপভোগ করত সব ভিড় ঠেলে।

বলতে পারো, খেয়াল প্রেমিক ছিল সে,
ওস্তাদ ছিল যেকোনো সময়ে আড্ডা জমাতে।
কথায় হোক বা নাচের প্রতিটা পদক্ষেপে,
সময়ের সাথে সম্ভোগ করত সে।

আংশিক মেয়াদেই হয়ে উঠেছিল সে,
রক্তের স্পন্দনের ভাগিদার।
অজান্তেই ভাই-দাদার সম্পর্কে,
হয়েছিলাম কত আবেগের অংশীদার।

তার ইচ্ছেদের আকাশে,
ঘুড়ি উড়ত রামধনুর রঙে ঢেকে।
আলগা সুতোয় কেটে যাবার ভয়,
কি হয় জানত না সে।

সে শুধু জানত, এগিয়ে যেতে হয়,
বাস্তবের কাঁটাতে সেকেন্ডের হিসেব কষে।
কিভাবে নিজের ঘামকে উপভোগ করতে হয়,
শৈলশিরার বিপরীত পাদদেশে, ঘাস ফুলে শিশির মেখে।

কিছুটা আনমনে,
ছিল সে আন্তরিক।
সুগঠিত চরিত্রের একজন ব্যতিক্রমী প্রেমিক।

সঙ্গিহীন

কাল্পনিক,
তার হেঁটে চলে যাওয়া,
আমার চোখের অগোচরে।
রাত জাগা, কালো মেঘে,
ছায়াবাতির নিচে দাড়িয়ে।
কালো কলো ধোঁয়ার বলয়ে,
তার মুখ এখনও ভেসে ওঠে।

বাস্তবিক,
খোলা দরজার চার কাঠির বিছানাতে,
ঘুম আগলে আমি জেগে,
প্রতিটা পংতির শেষে,
জিজ্ঞাসা ছুঁড়ে, ছুরির আঘাতে।
তমশা মগ্ন ভবিষ্যতে,
তার অস্তিত্ব প্রায় দুর্বিপাকে।
লড়াইটা যখন আমার,
সেখানে নাই বা থাকলো কেও অন্য চরিত্রে।

নিশা দয়িত

কিছু থাক বা না থাক,
কিছু পাই বা না পাই;
রাতের তারাদের সাথে মিটমিট করে,
জেগে থেকে, জোছনাকে ঘুমের গল্পে মত্ত করে;
আজ আজগুবি কথাতে,
কোলবালিশে মুড়ে, আদর ঘামে স্নান করিয়ে,
শুধু দেখাতে চাই। আমার অবকাশের অন্ধকারে,
তার উপস্থিতির কদর,
আমিও করি ভালোবেসে।

উনপাঁজুরে

তারপরে ছিল,
একটা উঙ্চ জলপ্রপাত।
নাম জানি না, তবুও ওটার অনেক দেমাক।
প্রেমে পড়ে হাত ছোঁয়াতেই,
বুকের ওপর পাথর ছোঁড়ে।
কি আশ্চর্য্য!
কত লোকের আঁচড় খেলে,
ওরা তোমার শরীরে স্নান করলে,
রাগ হয় না কোনবারে?

আমার জন্য এত ঘৃণা, আজ দেখালে,
টের পেলাম মাথার ওপর হড়কা বানে।
আমার প্রেমেই হারাম পেলে?
বুকের ওপর পাথর ছুঁড়লে।

তুমি আমার না

প্রেম?
প্রেম আজ আউশের ধানের শিষে,
একটু কষ্ট করে দুপুরে ফ্যান ভাতে।
তার থেকে বেশি কিছু হলে,
একটা মাগুর মাছের পাশে–
দুটো শামুকের ভাজা।
কি-ই বা মানে রাখে আমার চাওয়া পাওয়া।

বেঁচে আছি, বাক্স খুলে স্বপ্ন দেখি,
চড়াই-উতরাই রাস্তা খোলা,
জানলা দিয়ে,
প্রেমের নামে রাত্রি নামে।
দিনের পর দিন কেটে যায়,
খাবার ঠ্যালায় জমি চষে।

পরমা আমি তোমার না।
তুমি অন্য কারোর গিন্নি হইও;
আমার চেষ্টা খুবই সংকীর্ণ,
দুপাশে জলের খালে, চোখ ভেসে,
আমার অবস্থা এখন জরাজীর্ণ।

উঠোন জোড়া সংসারের ভারে,
খালি বাসনে, তোমার আবদারের বাজারের ফর্দে,
কিছুই আসেনা ঘরের রান্না ঘরে,
কড়াই পোড়ে,
তোমাকে দেওয়া না রাখতে পারা কথাদের দরে।

তুমি আমার না।
তুমি অন্য কারোর উৎসব নবান্নে।
আমি তখনও, চষে যাব আমার খেতে,
আউশের ধানের বীজ আরেকটা বর্ষাতে।

রাত সাড়ে তিনটে

তিনটে তিরিশ ঘড়ির কাঁটা,
নিমজ্জিত অর্ধনগ্ন প্রেমে।
গোটা শরীর জুড়ে যন্ত্রণা,
না পাওয়ার যাতনাকে ঘিরে।

মুখ খুবড়ে পড়ে থাকি,
মাকড়শার জালে শক্ত বাঁধনে।
দেওয়ালে আটকে থেকে যেতে চেয়েও,
নেমে আসি মেঝেতে।

সদ্য জন্ম নেওয়া আরেকটা চাঞ্চল্য,
মৃত গরম হাওয়ার হাওয়াতে।
ছিটকে পড়ল, ব্লেডে ধাক্কা লেগে,
মিশে গেলো শূন্যে বেনামি রঙে।

মোবাইলের ফ্ল্যাশলাইট জ্বালার আগেই,
হাত গেল পুড়ে।
আসক্তি ভরা মাখা আগুন খুঁজে,
তামাকে আকপাক করে প্রান খোঁজে।

তিনটে তিরিশ,
আবার আমি যুবক হলাম, ঘুম ভাঙিয়ে।
একটা ছোট্ট কাঁচের পর্দায়,
যৌবন পাবার আশায় চোখ রেখে।

তীব্র শ্বাস-প্রশ্বাসের আদান প্রদানের পরে,
অজ্ঞানতায় ঘুম আসে।
আরেকটা প্রেমের নিরবে
বালিশে মিশে যাওয়া শেষে।

পরিবর্তনের প্রাক্কালে দাঁড়িয়ে

ভয় পাওয়া কিসের জন্য?
তোমার রাজনীতির রঙ
অন্যের থেকে আলাদা বলে?

ভয় পাচ্ছ সত্যি বলতে?
কাদের থেকে লুকিয়ে,
কতকগুলো দানবরূপী শাসকের কথাতে?

ভয় পাচ্ছ কিসের থেকে?
ঘুন ধরে যাওয়া সমাজে;
সমাজতন্ত্রের নিয়ম নীতির জন্যে?

তাহলে এবার,
কলম তোলো, বন্দুক নয়,
মুখ খোলো প্রতিবাদের অক্ষরে।

বিশ্বাসঘাতক

কি জানো?
আমরা না ঠিক বেইমানিটা করতে শিখিনি;
আমাদের লেজটা বাঁকা ঠিকই,
কিন্তু ভেতরে ভেতরে আমরাও কাঁদি।
নিজেদের কথা বলতে না পেরে,
আমরা তোমাদেরই বোঝার চেষ্টা করি।

ওই তো সেদিন,
নামকরা একটা শহরের গলিতে,
তথাকথিত কিছু ভদ্র সমাজের নাগরিক,
তাদের লুকিয়ে রাখা লেজ বের করে,
মারতে এলো আমাদের;
তখন বুঝতে পারিনি কারা ছিল সঠিক।

আমরা ভেবেছিলাম তারা প্রভু তুল্য,
আস্তে করে আদর পেতে গিয়ে,
কিছু খাবারের লোভে,
জিভ বার করে খেলাম সব চেটে চেটে।

ফ্যানা ভর্তি টেঁকুর,
দাঁড়িয়ে থেকে হেসে হেসে ওরা বলছে কুকুর।
দমবন্ধ খাবারের গন্ধে,
আস্তে আস্তে আমাদের প্রান, মিশে গেল,
বিষে ভরা খাবারে।

মরেছিলাম আমরা, মরেছিল আমাদের
মাস তিনেকের ছোট্ট ছোট্ট,
সদ্য জীবন পাওয়া বাচ্চাগুলো,
যারা বিশ্বাস করেছিল তোমাদের।

পরের সকাল ছিল না আমাদের নামে,
ওটা ছিল না তোমাদের জন্যেও,
ওটা যদি থেকে-থাকে,
তাহলে সেটা ছিল শুধুমাত্র,
ওই বিশ্বাসঘাতকেদের নামে।

রবি প্রনাম

কাবুলিওয়ালার কাহিনী শুনিনি অনেক দিন,
দূর থেকে ডেকে যাওয়া গলার স্বরটাও ম্লান।
গল্পের শেষ হওয়ার আগেই তারা স্বপ্নদের অধীন,
আমার দিনের শুরুতে রবি ঠাকুর এক কাপ চায়ে করছেন
স্নান।

বলাইয়ের গাছটার কথা মনে আছে নিশ্চয়,
শান্তিনিকেতনে ছড়িয়েছে তার শাখা প্রশাখা।
খেয়ালের অবকাশে, কত লেখকের জন্ম ওই গাছের ছায়ায়,
প্রতিটা বসন্তের আবির জ্বালায় শতাধিক ভাবুকের
বহ্নিশিখা।

ছোট্ট অমল বৈশাখের পঁচিশে, ঘরে ঘরে দিয়ে বেড়ায় চিঠি,
সংস্কৃতির অবক্ষয়ে রবির মঞ্চে জন্মেছে কিছু ব্যাঙের
ছাতা।
এখনো তবুও ধরেছে অনেকে ভানুর হারানো লাঠি,
তবুও তারা পারবেনা ঢাকতে, বাইশে শ্রাবণের ব্যাথা।

বন্য প্রেমিকা

এ তুমি কেমন বন্য,
অন্ধকারে যেন অন্য।
রূপে সুখে বিছানা খালি,
পাথেয় পথিক, বালিশে কাচুঁলি।

এ কেমন রাতের চাঁদ,
মুখ ঢাকে লজ্জার আঁচিল।
শরীর জুড়ে নখের স্পষ্ট দাগ,
গায়ের গন্ধ তোমার, আমার কাছে স্বপ্নিল।

এ কেমন কামুক চাওনি,
রাতের শেষে অন্যজনের চোখের মনি,
প্রেমের নামে ছলনা করে,
কেমনে থাকো খেলনা সমান শরীর নিয়ে?

এ কেমন শরীর তোমার,
দশজন করে নিলাম ভাগের।
রাতের শেষে কেমনে তুমি,
আমাকে দেখাও নিষ্পাপ তুমি।।

আনমনা

আমি হারিয়ে যাই,
কোনো চোরাগলির ইটের চাদরে, পায়ের
আঙুলের ছাপ ফেলে ফেলে।
আমি দূরে যাই,
কোনো অচেনা সমুদ্রের, চোরাবালির
গভীরতা মেপে মেপে।

আমি একলা হই,
কোনো ছায়াপথে, মৃতদেহের হদিশ
খোঁজার চেষ্টা করে।
আমি প্রেম মুখর হই,
কোনো প্রেমিকার, ভাঙাচোরা স্বপ্নদের
জোড়া লাগানোর মুখের কথা হয়ে।

দিনের শেষে আমি শান্ত হই,
কোনো পুরোনো ভুলের, অসমাপ্ত
আর্তনাদকে প্রাণ দিতে দিতে।
সব শেষে, আমি খুঁজি নিজেই নিজেকে,
কোনো একলা ঘরে, নিজেকে বন্দী করে
অন্ধকারে, এক সলতে প্রদীপের শিখাতে।

শেষের হাসি

আল্পসের আগ্নেয়গিরি কিন্তু এখনো জাগতে জানে,
সাহারার বুকে বৃষ্টি আসবেনা কে বলেছে?
তাকলামাকান জয় করার জন্য,
অনেকেই উটের পিঠে বসে।

শুধু কি জানো? সময় এখনো আসেনি তাদের কুলে,
শেষ যখন সুনামি এসেছিল,
ওরা সাঁতরেই বেঁচেছিল,
শেষবার যখন হ্যারিকেন তাদের উড়িয়েছিল,
ওরা একটা সরু পাঁচিলের নিচেই আশ্রয় নিয়েছিল।

আজ সবাই শান্ত, নিঝুম রাতের মতো,
তারাহীন আকাশের ছায়াতে নিস্তব্ধ।
অপেক্ষায় সূর্যের একটা চওড়া হাসির জন্য,
আমার বিশ্বাস তখন একটা লম্বা শ্বাস নিয়ে-
হাঁটা শুরু করবে সব কিছু জয়ের লক্ষ্যে।

অটুট বন্ধন

ওই সরু সুতো বাঁধলেই সম্পর্ক থাকে নাকি?
একটা দিনের উৎসবে সম্পর্কের বাঁধন গড়া যায় নাকি?
ছোট্ট একটা রঙিন ফুল হাতে বাঁধলেই,
ভাই বোন হয় নাকি?
আমরাতো ছোটবেলা থেকেই-
নিজেদের সম্পর্ক গড়েছি।

ছোট থেকেই জেনে আসছি, তোমরাই মনের টান,
ভাগ করে খেয়েছি একই থালার খাবার,
রাগ করেছি একে অন্যের ওপর।
ভালবেসেছি নিজেদের ঘরের বাঁধনে,
বড় হয়েছি সবার মধ্যে হাসি, ঠাট্টা,
কান্নাকাটির মধ্যে দিয়ে।

এই সম্পর্ক আর যাই হোক, ওই সুতোই বাঁধা, যথেষ্ট নয়।

যে সম্পর্কের শুরু রক্তের অভিন্ন স্রোতে,
সেই সম্পর্ক আর যায় হোক না কেন,
সব থেকে আলাদা, অন্য।
অটুট থাকুক ভালোবাসা, ভাইবোনের জন্য।

প্রণয়

চল আজকের ভোরের গল্পটা শুরু করি,
আহিরীটোলা ঘাটে বসে।
পাশে বসে থাকা ছিলিম হাতে,
ওই লোকটার সাথেও আজ বন্ধুত্ব করি।

কিন্তু পুরনো কিছু ধোঁয়ার মেঘে,
যেন নতুন কোন ঝড় না আসে।
তাহলে কিন্তু সপাটে একটা চড় তোর গালে,
খিস্তি দিবি? আমিও দেব তোকে।

সব শেষে, একটা ট্যাক্সি ধরে,
রুমে এসে, সকাল জেগে, খিল্লি করবো।
ঘুম না এলে ভালো, না এলে থাকব জেগে,
তবুও যতদিন বেঁচে, এভাবেই বেঁচে থাকবো।

নিশাচর

আমার চুলচেরা দৃষ্টির বন্ধনে,
আমি ঘুরছি কোনো চক্রব্যূহে।
যেখানে চোখের সামনে কিছু পড়ে থাকা,
কম্পিউটারের শিরাবিন্যাসে অক্ষরে মুখ ঢাকা।

হাতের নখের লালচে দাগ দিচ্ছে পূর্বাভাস,
এবার আহতের একটু বিশ্রাম দরকার।
আমি স্থির দৃষ্টিতে তাকিয়ে এখনো উজ্জ্বল পর্দায়,
চোখ আমার থেকে ছুটি চেয়েও, ঘুমকে জানিয়েছে বিদায়।

আরেকটা লেখার কথা ভেবেই,
আমিই কম্পিউটারে স্থিত।
আমি ক্লান্ত, মস্তিষ্কের নিউরন পেঁচিয়ে
গেছে, হয়েছে স্তব্ধ।

বধির আমার কানের দুই-পাতা,
একটা বিষয় খুজতেই মগ্ন।
আমি ক্লান্ত, শুধু লেখার তাগিদেই,
আজ আমি বিষণ্ণ।

ঘুম ভাঙানোর নাটক

লাল সুরমা যেন চোখের ভেতরে।
কেও এঁকেছে আমার এই সকালে।
অলস বিছানার চুম্বন সারা শরীরে,
মাথা ঢেকে পড়ে থাকি মসলিন চাদরে।

পাথেয় সারেমেয় ডেকে যায় রাস্তাতে,
ঘুমের সাম্রাজ্যের পতনের তরে।
ল্যাটিন গানের আবহমান মিউজিকে,
ডুবে আছি সকাল সাতটা পনেরোতে।

ময়লার গাড়ী নোংরা নিয়ে গেল চলে,
অসহ্য বাঁশির নলে, জোরে একটা ফুঁ-মেরে।
এখনো পড়ে অসাড় শরীর ঘুমের টানে,
আলসেমি অনেক হলো এবার উঠতেই হবে।

চুপ থাকো

অসঙ্গতিটা কোথায় জানো?
যখন একটা চিল উঁচু আকাশে ওড়ে;
সেটা সবাই গ্রহণ করে।
যেই একটু উঁচুতে উড়তে চেয়ে
চড়ুই, বাতাসের ধাক্কা খেয়ে
মাটিতে লুটিয়ে পড়ে,
ঠিক সেখানেই অসঙ্গতিটা ধরা পড়ে।

কেন?
তার কি ওড়া বারন!
নাকি তার ডানা দুটো ফানুস জোড়া?
বলতে পারবে হয়ত চড়ুই নিজেই,
নিজের ডানা যেদিন ঝাপটাবে
এভারেস্টের উঁচু শৃঙ্গতে।

হয়তো এভারেস্ট হাসবে,
দেখে তার ব্যর্থ প্রচেষ্টা।
কিন্তু সে তো হাসে সব–
মাটিতে পড়ে থাকা কাপুরুষের দল।

নেই যাদের গতিজাড্য,
স্থিতিজাড্যটা যাদের রক্তে বয়ে।
তাদের মুখে বেগের কথা মানায় না,
বলছি শোনো
এই আমার দৃঢ় বিশ্বাস।

ওরা বললে পরে কথা
কানে গুঁজে নাও কাপাস তুলা।
চড় থাপ্পড়ে চুপ করিয়ে দিও
ওরা ওটারই যোগ্য।

আমার আমি

স্মৃতিভেজা শরতের বাতাস
দেয় আজ নিকোটিনের আভাস।
আহম্মকের মতো কালো ঠোঁট দুটো,
মাখছে সেই সুবাস।
জীর্ণ শরীর মুখ চেয়ে,
কোনো নরম কোলের অপেক্ষাতে।
আজগুবি কথায় সাজিয়ে,
ফেলে রেখেছি আমার চিন্তাদের শয্যা।

পশ্চিমী গোধুলির আকাশে,
লাল–নীল রঙের মাঠে;
আমিও করেছি ভিড়,
খালি গায়ে কাদা মেখে।
যেন কিছু অনুভূতি এনেছে বয়ে আগাম
শুষ্ক শীতের সাদা তুলোর ব্যাগে।
বেলাশেষে জানি যাবে,
সবকিছু অগভীর নিদ্রায় ডুবে।

পরের সকাল আসবে;
নাকি ওটাও থাকবে মেঘে ঢাকা!
দেখি উত্তর খুঁজতে বেরিয়ে,
সারা শরীর চিন্তা মাখা।
আরে ধুর ওরা চিন্তা কেন হবে!
ওগুলো সব ভাঙা পাথরের কনা।
ভেঙেছিল মাসখানেক আগের চড়া গ্রীষ্মে,
ভুলেগেছিলাম, চাইছি ক্ষমা নিজের কাছে।

বেঁচে থেকেও নির্বাক, নিশ্চুপ।
কিছু জড় পদার্থের আবরণে,
যেন ঢেকে রেখেছি আমায়,
আমি বেরতে চাই,
স্বাধীন হতে চাই;
সাহায্য কর কেও আমায়,
চিৎকারটা দেখি বারবার ফিরে আসে,
দিগন্তের পাহাড়ে ধাক্কা খেয়ে,
কাঁচের টুকরোর ভাঙাচোরা মুখ নিয়ে।

বারবার বিফল হয়ে নিজেকে
বন্ধ করেছি এক ঘরে।
আদর করে কালো কালো ধোঁয়াতে,
মিনিট পাঁচেক ছাড়া ছাড়া যাচ্ছি মিশে,

সেই ঘরের বাতাসে।
আমি মাখছি নিঃসহায় হয়ে,
সারা শরীর জুড়ে।
কোন উপায় না পেয়ে, রোজ রোজ তাদের নিচ্ছি আপন করে,
প্রতিটা শ্বাস প্রশ্বাসের মধ্য দিয়ে।

বিরক্ত!
নিজের থামখেয়ালী ভাবনাগুলোর জন্য।
অথহীন উত্তর খুঁজতেই যারা সারাদিন মগ্ন।
হাঁপিয়ে উঠি, তাদের আবদার পূর্ণ করতে করতে,
একুশটা বছর ধরে,
তারা রোজ আমায় খাচ্ছে কুঁড়ে কুঁড়ে।

বয়স যখন হবে পঁচিশ, ভাববো তখন,
এখন বরং হলুদ ফিল্টারেই জ্বালায় আগুন।
লোকে হয়ত ভাববে আমি পাগল;
ভাবতে দে তাদের, যতসব বোকার দল।
দু-চোখ দিয়ে যদি পৃথিবীকে যেত চেনা,
তাহলে হয়তো ভানুর রবীন্দ্রনাথ হওয়া হতনা।

নির্বোধ হয়ে থাকায় ভালো,
টুকে টুকে জীবনের পরীক্ষায় পাশ করার থেকে।

আমি বেঁচে থাকবো নিজের মতো করেই,
নিজের চিন্তাদের নিয়ে,
তাদের আবদার পূর্ণ করার ইচ্ছেতেই।

দিনের শেষে,
কলমের পরের শব্দে অর্থ মেলানোর ব্যস্ততাতে।

অসহায়

মৃত্যুঞ্জয়ী কেও তো নয়;
তাহলে, তবুও কিসের ভয়।
জানো হারতে হবে জীবনের যুদ্ধে,
এখন তবে কেন শির উঁচু নয়?

যদি ভেবে থাকো বিষ্ণু তোমার সহায়,
বিশ্বাস করো, তুমি নিতান্তই অসহায়।
তোমার অবস্থা ওই চাতকের মতোই,
থর মরুতে যে জলের আশায় রয়।

যাকে ভেবেছিলে পাবে পাশে,
তোমার দুর্দিনের সঙ্গী হিসেবে;
সে হয়তো আজ তাকায়নি ফিরে,
তোমার মুখ থুবড়ে পড়ে যাওয়া দেখে।

সত্যিটা হল,
বিভীষণ-ও ছেড়ে ছিল সাথ,
পরাজিত দাদার দিকে বাড়ায়নি সহমর্মিতার হাত।

কে তুমি যুধিষ্ঠির? নাকি পাণ্ডব ভীম?
নও যখন এদের একজনও–
তাহলে কেন?
তোমার আকাঙ্ক্ষাগুলো অপরিসীম।

বিশ্বাস করেছিলে যখন তাকে,
ভেবেছিলে কি একবারও নিজে?
তোমার কদর কতখানি?
তোমার আত্মসম্মানের ওজন,
দিনে দিনে ঠেকেছে কোথায় গিয়ে?

তুমি দেওয়াল চাপড়ে,
হাঁপাতে হাঁপাতে বারে বারে পড়েছ তার পায়ে,
দরজা কখনই ছিল না তোমার জন্য খোলা,
যেটুকু সময় দিয়েছিলে তুমি,
সবই ছিল তার নিজের রাস্তা মসৃণ করে,
তোমায় ছুঁড়ে ফেলে ফেলার জন্য,
আদর্শ সময়ের অপেক্ষা।

এখনও যদি, ভেবে থাকো বিষ্ণু তোমার সহায়,
বিশ্বাস কর তুমি নিতান্তই অসহায়।

বাইপাস

ট্র্যাফিকের কান্না, ঢেকে দেয় লাল রঙে,
অন্ধকারে হেডলাইট পথ দেখায় নিরন্তন।
পাশের পুলিশের গুমটিতে তাসের আসরে,
হট্টগোল শেষ, গ্রাস করেছে তাদের অবচেতন।

চায়ের ভাঁড়ে ল্যাম্পোস্টের হলদে আলো,
সময়ের হিসেব দেখিয়ে, ঢাকছে রাতের কালো।
কয়েক ঘন্টা পরেই আবার মৃত্যু ঘনিয়ে আসবে তার,
আর্তনাদ ঢেকে যাবে টায়ারের শব্দতে আবার।

বচসার শুরু হবে তার বুকে, এগিয়ে যাবার রাস্তা চেয়ে;
বলার তো কিছুই নেই, নেই প্রান তার দেহে।
যেটুকু কান্না আছে, ঢেকে দেয় ইট, পিচ, কংক্রিটের
দেয়ালে,
শক্ত খুব নিজেই নিজে, তাইতো এখনো প্রান আছে তার
দেহে।

বিসর্জন

এবার খুশি, এলো তাহলে দুগ্গা দিদি,
দিন গুনলে সংখ্যাটা দাঁড়ায় তিনশো পঁয়ষট্টি।
রাস্তা, ওরে বাপরে, শালা উন্নয়ন ঝুলছে ঘরের বাইরে;
লোডশেডিং কি হয়?
উত্তর নেই এই পাঁচটা দিনে।

গায়ের গয়না আসল সোনা, কোথাও আবার খাঁটি হীরের
দানা।
কোনো সন্দেহ নেই, আজকে সবাই বড়লোকের ব্যাটা।
টাকাতো এবার নাকি গাছের ডালেও!
দেখে শুনে ছিঁড়ে নাও আসল পাতা।
ম্যানহাটিনও চিন্তিত, চিনা অর্থনীতিবিদরাও খুঁজছে রাস্তা।

ঢং, অনেক হল,
পাঁচদিনের পর দেখব উলঙ্গ দেহে কাটা ছেঁড়া দাগ।
খাবার খুঁজে পথের ধারে খালি বাটি,
কোথাও আবার রাতের গলিতে,
অন্যের দিদির বুকে চুমু ছোড়াছুঁড়ি।

দশমীতে বিসর্জনটা শুধু দুর্গার হয় না একার,
মনে রেখো, তার সাথে ফিরে আসে পুরানো হাহাকার।

ব্যাকুলতা

মনের অজান্তে সে কখন আপন হয়েছে,
তার সাথে কোন ছায়াপথে মন হারিয়েছে!
তার হিসেব ঘড়ির কাঁটা রাখে না।
আঁকা-বাকা মনের গলি,
সরু হয়ে মিশেছে তার মনের মাঝে।
কোনো কথায় সে বোঝে না, শোনে না,
আমার হিসেব আজও তাই মেলে না।

ছুটে যায় রেলগাড়ি স্টেশনে থামে না,
প্ল্যাটফর্মের ফটক ঢেকে রাখে সেই যন্ত্রণা।
চোখের কাজল ভিজে যায় তার কথায়,
ছিল সে আমার অনেক কাছে
গেল সে আজানা ঠিকানাতে।
আমি একলা হয়ে দেখি ঘড়ির কাঁটা,
মিলবে কখন তার-আমার সময়ের কাঁটা।

তাকে ফিরে পাবার এক ব্যাকুলতা,
দূরে গেলেও তাকে না ভোলার কথা;
মড়চে লাগা ডাইরির পাতার কলমের ডগায়,
বন্দী আমার কিছু অর্থহীন কবিতায়।

ফিরতে চাই

হচ্ছি আমি অবাক আবার দেখে তোমার রূপ,
দূর থেকে তাই দেখছি, আমি হয়েছি নিশ্চুপ।
চাইছি ছুঁতে, চাইছি তোমার ওই ঠোঁট,
শূন্য দুহাত চাইছে আবার ধরতে তোমার হাত।

যাচ্ছ চলে অনেক দুরে, নিজের দুনিয়ায়;
বাড়াচ্ছ দূরত্ব নিজের খেয়ালেই,
আর আমি হচ্ছি একা,
মজে নিজের ভাবনাতেই।

জানি না কবে করবে আমায় নিজের,
হারাবে আমার দেশে,
ঠোঁটের কোনায় আলতো হাসি নিয়ে।

হয়তো বা অনেক দেরী করে ফেলেছি আমি,
নিচ্ছি মেনে সব দোষ আমার,
নাও না মেনে মনের ভাষা,
বলতে চাই কথা, ডাকতে চাই আবার, মিষ্টি করে তুমি।

থেকেছি আমি অপেক্ষাতেই,
হয়তো বা থেকে যাবো এভাবেই,
আসবো ফিরে আবার তোমার কাছে,
বুক ভরে যেদিন মেনে নেবে আমার পাগলামিকে।

পোস্টমাস্টার

শেষমেষ তাহলে আবার ডাক পড়ল,
হারিয়ে যাওয়া পোস্টমাস্টারের।
বিলুপ্ত প্রজাতির মতো যে
নিজেকে রেখেছে সবার আড়ালে।
নেই সাইকেলের কিরিং কিরিং-
ঘরের দরজার সামনে।

প্রযুক্তির সাথে পা মিলিয়ে চলছি এগিয়ে,
গতিবেগ গোনাটাও আজ কঠিন হয়ে গেছে।
কিছু ভণ্ড খবরে মুখ গুঁজি সকালের কাগজে,
সত্যটা ঢাকা থেকে যায়-
ছাপাখানার চার দেওয়ালে।

আজ তাই মনে হয় প্রযুক্তির প্রাক্কালে,
আমরা দাঁড়িয়ে সত্যি খবরের আকালে।
ফিরে আসা দরকার পুরানো পোস্টমাস্টারের,
দেরী করেই হোক,
অন্তত প্রকৃত খবরটা পেতাম দেশের।

ফেলে আসা বসন্তে

অন্তহীন অপেক্ষায় উথাল পাতাল হৃদয়ে,
দেখছি তোকে দূর আকাশের তারাতে।
যদি আমার কথা তোর মনে পড়ে,
আমি থাকবো তোর ভাবনাদের চিলেকোঠাতে।
আমার পাশেই পাবি তোর আবেগের কুঁড়ে ঘরটাকে,
শিষ দিয়ে দেকে নিস, তোর ইচ্ছেদের আমার থেকে।
ঘুম থেক উঠে খুঁজলেই পাবি আমাকে,
মনসাগরে থাকবো আমি মাঝি হয়ে,
প্রতিটা আদরকে বয়ে নিয়ে যাব মন তরী দিয়ে।
ঠিকানা যদি হয় অনেক দূর থেকেই যাস,
কল্পনার তরী হয়ে।
ব্যাগ ভর্তি রাগগুলোকে নিয়ে,
তবুও আসিস আমার কাছে;
হারাব দুজনে ফেলে আসা বসন্তে।